It's another Quality Book from CGP

The best way for children to improve their grammar,
punctuation and spelling in Year 2 (ages 6-7) is by doing as
much practice as they can.

That's where this book comes in. It's packed with questions
that'll put their writing skills to the test, including the ones
they'll meet for the first time in Year 2.

What's more, it's perfectly matched to the
National Curriculum.

What CGP is all about

Our sole aim here at CGP is to produce the highest quality books
— carefully written, immaculately presented and
dangerously close to being funny.

Then we work our socks off to get them out to you
— at the cheapest possible prices.

Spelling Hints and Tips

1. Some sounds are made from more than one letter.

p **au** se

ti **ck** et

dri **nk**

f **igh** t

ca **tch**

2. Think about consonant pairs that you know.

sn **ow**

tr **ot**

pl **ay**

3. Try splitting words into syllables.

po ta to

el eph ant

sis ter

butt er fly

4. Remember common suffixes.

fast**est**

talk**ing**

sing**er**

suffix

sail**ed**

Contents

Published by CGP

Editors: Emma Bonney, Heather Gregson, Sabrina Robinson
With thanks to Matt Topping and Lucy Towle for the proofreading.
ISBN: 978 1 78294 192 7

Clipart from Corel®
Printed by Elanders Ltd, Newcastle upon Tyne.
Based on the classic CGP style created by Richard Parsons.
Thumb illustration used throughout the book © iStockphoto.com.

Section One — Grammar

Nouns

Nouns are words that **name things**.

| cake | bear   Lily | school |

(1) **Circle** the words that are **nouns**.

book   slow   pretty

table   hamster   under

slowly   Jacob   pencil

(2) **Write** the correct **noun** from the **boxes** next to each **picture**.

| ladybird | puppy | snail | socks | tractor | fish |

 some _____

 some _____

 a _____

 a _____

 a _____

 a _____

"I can identify and use **nouns**."

Noun Phrases

You can add **other words** to nouns to describe them.
This is called a **noun phrase**.

 the blue **flowers**
noun

 the smelly **feet**
noun

① **Draw lines** to make **noun phrases**.

warm	fast	back	older	cold

car	garden	scarf	weather	sister

② **Write** a **noun phrase** about each picture.

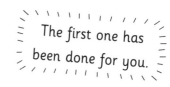 The first one has been done for you.

 the spotty snake

 _____

 _____

 _____

"I can write **noun phrases**."

Verbs

Verbs are **doing** and **being** words.

push   kiss   am   chase

The verb needs to **match** the **person** doing the action. ⟹

I **wait** here.   He **waits** here.

1 **Circle** the **verb** in each sentence below.

I talk to my gran.   Dad runs every day.

She opens the door.   I see my friends.   We build a den.

2 Use the **pictures** to **fill in** the crossword with **verbs**.

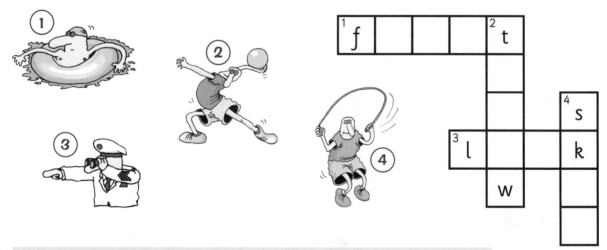

3 **Write** the **correct verb** from the boxes to fill the gaps.

| go | goes | He _____ to the shops.

| has | have | She _____ one sister.

| is | are | They _____ six years old.

"I can identify and use **verbs**."

ing Verbs

Verbs with **ing** on the end show that something
is happening, or **was happening**.

The cat **is sleeping**.

 I **am reading**.

We **were camping**.

---

(1) **Draw lines** to complete these sentences with **ing verbs**.

My brother | **are playing** | an apple.

The girls | **am eating** | television.

I | **is watching** | outside.

---

(2) Write out these **ing verbs**.

miss ✚ ing ⟹ ___missing___   call ✚ ing ⟹ _____

cry ✚ ing ⟹ _____   end ✚ ing ⟹ _____

ask ✚ ing ⟹ _____   fall ✚ ing ⟹ _____

---

(3) **Add ing** to these **verbs** then use them to **complete** the sentences.

| **buzz** | The bees are _____ around the flower. |

| **sing** | I was _____ about fractions last week. |

| **learn** | We are _____ a song about summer. |

"I can identify and use **ing verbs** in a sentence."

Section One — Grammar

Adjectives

Adjectives are words that **tell you more** about a **noun**.

a **silly** clown

a **hungry** rabbit

a **small** plane

① **Circle** the **adjectives** in the phrases below.

a sleepy cat

the happy girl

the red balloon

the scary monster   a large bird

a hairy spider

a tasty meal

② **Complete** each phrase using **two** of the **adjectives** below.

| white | tall | spotty | hot | fluffy | soapy |

 the _____ _____ giraffe

a _____ _____ bath

 the _____ _____ sheep

"I can identify and use **adjectives**."

Adverbs

Adverbs describe **verbs**. They tell you **how** the action was done.
Adverbs often end in ly.

They sing **loudly**.

She **gently** holds him.

They fight **angrily**.

① **Find** the **five adverbs** below and **write** them onto the board.

quietly

dog

happily

table

neatly

huge

sadly

bright

quickly

Now use these **adverbs** to **complete** these sentences.
You can use the picture clues to help you.

He creeps _____ out of the door.

He looks _____ at his homework.

She plays _____ with her toy.

He runs _____ to the park.

She _____ paints a picture.

"I can identify and use **adverbs**."

Types of Sentences

Statements tell you something.

He is in Year Two.

Questions ask you something.

Are you coming?

Commands give you orders.

Put that down.

Exclamations show strong feelings. They start with 'what' or 'how'.

How amazing that goal was!

① **Draw lines** to match these sentences to the correct label.

Where do you live?

My name is Ahmed.

What a cute cat that is!

Play nicely, Thomas.

statement

question

command

exclamation

Finish your work.

How funny he is!

This is my school.

How are you today?

② Write **C** next to the **commands** and **E** next to the **exclamations**.

Wait over there. ☐

How silly they are! ☐

Come and look. ☐

Go to your room. ☐

What a great race that was! ☐

Stop doing that. ☐

What a nice boy Sam is! ☐

How exciting this is! ☐

"I can identify different **sentence types**."

Staying in the Same Tense

Verbs in a sentence are usually in the **same tense**.

Both these verbs are in the **present tense**.

At break I **play** games and **paint** pictures.

Both these verbs are in the **past tense**.

Yesterday I **played** games and **painted** pictures.

Past tense verbs often end in **ed**.

(1) **Cross out** each **underlined verb** that is in the **wrong tense**.

I play with the baby and <u>help</u> / <u>helped</u> to look after him.

I travelled to London and <u>visit</u> / <u>visited</u> Big Ben.

I shop with my mum and <u>cook</u> / <u>cooked</u> with my dad.

Yesterday I walked to school and I <u>arrive</u> / <u>arrived</u> first.

(2) Use the picture clues to **complete** each sentence with a **verb**. Remember to stay in the **same tense**.

Dad worked hard and <u>f</u> _ _ _ _ the car.

Alfie likes to bake bread and <u>c</u> _ _ _ stew.

He raised his hand and <u>a</u> _ _ _ _ a question.

"I can pick a **tense** and stick to it."

Section One — Grammar

Using and, but and or

You can use **joining words** like **and**, **but** and **or** to join sentences.

 Steve is big **but** Kevin is small.

She has wings **and** she can fly.

① **Circle** the **joining words** in each sentence.

Emma is sad but I am happy.   I love fish and I like chips.

We can go to the park or we can stay at home.

Lunch is ready but I'm not hungry.

② **Draw lines** to join these sentences together.

My dad is called Jim   but snails are very slow.

Lions are very fast   or you can have an apple.

You can have a banana   and my mum is called Sue.

③ **Write** an ending for each sentence. Use the pictures for ideas.

I might read a book or _____ .

 Harini plays outside and _____ .

Sarah likes snakes but _____ .

"I can use **and**, **but** and **or**."

Using when, if, that and because

You can also use **when**, **if**, **that** and **because** to join sentences.

We stayed in **because** it rained.

I will be sad **if** we lose the match.

I can stay up late **when** I am older.

Maria said **that** she was hot.

① **Circle** the **joining word** in each sentence.

I fell asleep because I was tired.

This is the book that Max was reading.

Gerald is happy when his team wins.

You can leave if you have finished.

② Use a **joining word** from the boxes to **complete** each sentence.

| because | that |

Fire can be dangerous _____ it is hot.

| when | that |

I have to wear my jacket _____ it is cold.

| that | if |

I saw the horse _____ I used to own.

"I can use **when**, **if**, **that** and **because**."

Section Two — Punctuation

Capital Letters and Full Stops

You need to start each sentence with a **capital letter**.
You also need to use **capital letters** for **names** and **I**.
Sentences usually finish with a **full stop**.

Hippos like water**.**

Jo dances on **F**ridays**.**

---

(1) **Circle** the letters that should be **capital letters** in these sentences.

we saw jacob and bella at the weekend.

pete likes cycling and hannah likes football.

on wednesday, emma and i will go to the cinema.

---

(2) **Add** a word with a **capital letter** and a **full stop** to each sentence.

summer ⟹ _____ is the warmest season___

maths ⟹ _____ is my favourite subject___

apples ⟹ _____ are tasty and healthy___

---

(3) **Rewrite** the sentence in the correct order with a
capital letter and a **full stop** in the correct places.

piano the harry plays

_____

"I can use **capital letters** and **full stops**."

Question Marks and Exclamation Marks

Every **question** should end with a **question mark**.

Sentences that show **strong feelings** or someone **speaking loudly** should end with an **exclamation mark**.

Who is that girl**?**

I'm so glad you came**!**

(1) **Draw lines** to show whether each sentence needs a **question mark** or an **exclamation mark**.

You'll never beat me

Which house is yours

Did you let me win

What a nice car that is

How are you feeling

Sit down over there

Where is the exit

I can't see a thing

(2) Add a **question mark** or an **exclamation mark** to the end of each sentence.

May I have a drink____

Can I ride my bike____

I'm so excited____

The house is haunted____

Commas in Lists

Commas are used to separate things in a **list**. You need **commas** between all the things in the list except the **last two**. You need to put **and** or **or** between the last two things.

I saw gorillas, elephants, zebras **and** lions.

(1) **Circle** the **commas** in the sentences below.

My best friends are called Krysta, Stefan and Hamid.

We could eat pizza, pasta, sausages or chicken nuggets.

The monster was short, fat, smelly and ugly.

Shall we go swimming, bowling or ice skating?

(2) **Tick** the sentences that use **commas** correctly.

I would like to be a doctor, a nurse or a chef. ☐
I would like to be a doctor a nurse or a chef. ☐
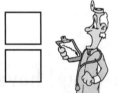

I need a pencil a ruler and some paper. ☐
I need a pencil, a ruler and some paper. ☐

I invited Enid, Craig Abdul and Beth. ☐
I invited Enid, Craig, Abdul and Beth. ☐

Commas in Lists

③ **Complete** the sentences using two **commas** and the word '**and**'.

I bought apples ___ pears ___ bananas _____ grapes.

Imran likes to swim ___ read ___ paint _____ watch TV.

Marie has lived in France ___ Spain ___ Italy _____ England.

He can sing ___ dance ___ act _____ play the guitar.

④ Each of these sentences is missing one **comma**.
Add a **comma** to one box in each sentence to make it correct.

Would you like juice ☐ water ☐ or ☐ milk?

My socks are ☐ blue ☐ white ☐ and grey.

Her hair is short ☐ brown ☐ and ☐ curly.

⑤ **Write out** Jayden's shopping list using **commas** in the correct places.

Jayden needs to buy _____

_____

_____ .

carrots

bread

eggs

tea

"I can use **commas** in lists."

Apostrophes for Missing Letters

Apostrophes show where letters are missing from a word.

I am ➡ I'm   I will ➡ I'll   There is ➡ There's

① **Circle** the correct version of the **underlined word** in each sentence.

It <u>hasn't</u> / <u>has'nt</u> rained yet.   I think <u>she's</u> / <u>shes'</u> brave.

<u>Ill'</u> / <u>I'll</u> help you.   <u>We've</u> / <u>Wev'e</u> got lots to do.

② **Draw lines** to match the **pairs** of words to the **shortened** words.

③ **Shorten** these words using an **apostrophe**.

we are ➡ _____   did not ➡ _____

I have ➡ _____   do not ➡ _____

"I can use **apostrophes** for missing letters."

Apostrophes for Possession

An **apostrophe** and **s** show that something **belongs**.

Nina's book. ⟵ This means the book belongs to Nina.

1 **Add** an **apostrophe** to show possession in each of these phrases.

 Maxs hat

 the clowns nose

 Gwens ball

 that dogs bone

 Tonis cat

 the mouses cheese

2 **Fill in** the gaps using the person's name with an **apostrophe** and **s**.

The pencil belongs to Manu. It's _____Manu's_____ pencil.

The dragon belongs to Alan. It's _____ dragon.

The jumper belongs to Raj. It's _____ jumper.

The DVD belongs to Sam. It's _____ DVD.

"I can use **apostrophes** to show possession."

Section Two — Punctuation

Section Three — Spelling

The ai sound

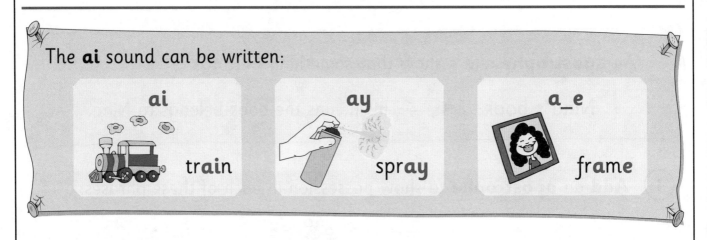

The **ai** sound can be written:

ai — tr**ai**n

ay — spr**ay**

a_e — fr**a**m**e**

(1) **Circle** the words that are **spelt correctly**.

explain   afrayd   clay

taim   safe   gane

(2) **Draw lines** to show how to spell the **ai** sound, then **fill in** the gaps.

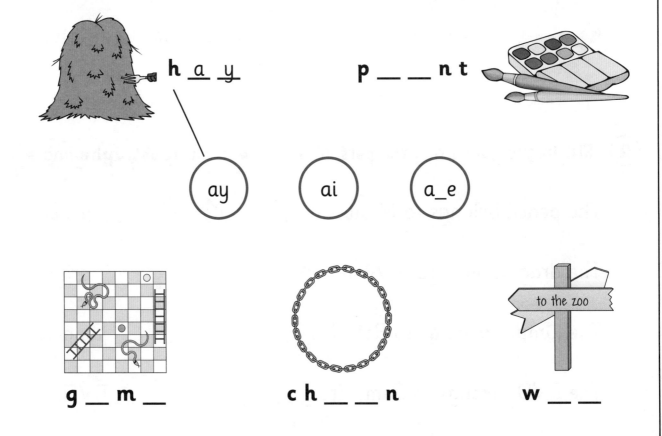

h <u>a</u> y   p __ __ n t

(ay)   (ai)   (a_e)

g __ m __   c h __ __ n   w __ __

"I can spell the **ai** sound."

The Long e sound

The **long e** sound can be written:

ee geese   **ie** piece

ea cheap   **e_e** these

At the **end** of words, the **long e** sound can also be written **y** or **ey**:

y pony   **ey** donkey

---

① **Fill the gaps** with the **long e** sound then **find** the words in the wordsearch.

a g r _ _ d   **c h i m n _ _**

m o n _ _   **t r _ _**

h _ _ t   **p e n n _**

c i t _   **t _ _ c h**

H	T	R	E	E	A	M
S	E	P	G	S	G	T
N	A	A	D	M	R	E
F	C	E	T	O	E	W
C	H	I	M	N	E	Y
M	L	O	T	E	D	G
P	E	N	N	Y	C	O

---

② **Write** the **correct spelling** to complete each sentence.

The _____ had feathers in his hat.
chief   cheef

The _____ is eating _____ .
monkea   monkey   honey   honie

Tim _____ to catch the _____ .
reached   rieched   jelley   jelly

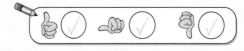

Section Three — Spelling

The Long i sound

The **long i** sound can be written:

igh	i_e	ie	_y
sight	dice	tie	fly

(1) **Circle** the letters that make the **long i** sound.

tries   pride   dried   July

my   fright   sigh

(2) Write **igh**, **i_e**, **ie** or **y** to **complete** these sentences.

Jack **c r _ _ d** all the **t _ m _** .

The **m _ c _** came to **s p _** on me.

I always **t r _** to get it **r _ _ _ t** .

(3) **Circle** the word in each pair that is **spelt correctly**.

knight / knite   lie / ligh   wied / wide

flie / fly   replie / reply

"I can spell the **long i** sound."

The Short o sound

The **short o** sound can be written with an **o**... ...but after **qu** and **w**, it is written with an **a**:

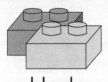
block

squ**a**sh

w**a**tch

(1) **Change** the first letter of each word to make **two new words**.

hot ⟹ <u>p</u> o t ⟹ <u>c</u> o t   jog ⟹ __ o g ⟹ __ o g

mop ⟹ __ o p ⟹ __ o p

(2) Use the letters in the **circle** to **write** a word with the **short o** sound.

k o c s   _ _ _ _

w n t a   _ _ _ _

q d s a u   _ _ _ _ _

r o c k   _ _ _ _

f o x s e   _ _ _ _ _

w s a p   _ _ _ _

(3) Write **o** or **a** to **complete** these words.

 It's a **fr__g** with a fishing **r__d**.

The **sw__n** opened its wings.

"I can spell the **short o** sound."

Section Three — Spelling

The aw sound

The **aw** sound can be written:

aw	**a** before **l** or **ll**	**ar** after **w**
s**aw**	b**all**	**w**arm

(1) **Draw lines** to the **correct spelling** of the aw sound, then **fill in** the missing letters in each word.

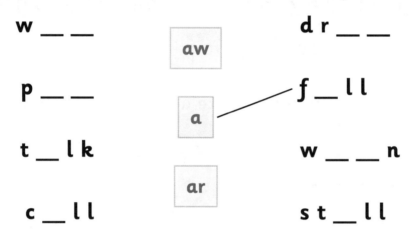

w _ _   d r _ _

aw

p _ _   f _ ll

a

t _ l k   w _ _ n

ar

c _ l l   s t _ l l

(2) **Cross out** each **underlined word** that is spelt **wrong**.

We have P.E. lessons in the ~~hawll~~ / hall.

Gemma ate a prawn / ~~prarn~~.

I am small / ~~smarll~~ but my sister is ~~tawll~~ / tall.

Crabs have sharp claws / ~~clars~~.

A rabbit makes his bed out of ~~strar~~ / straw.

"I can spell the **aw** sound."

The Short u sound

The **short u** sound can be written with a **u**...

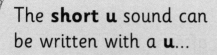

truck

...but sometimes it is written with an **o**:

glove

nothing

(1) Use the **picture clues** to **complete** the crossword.

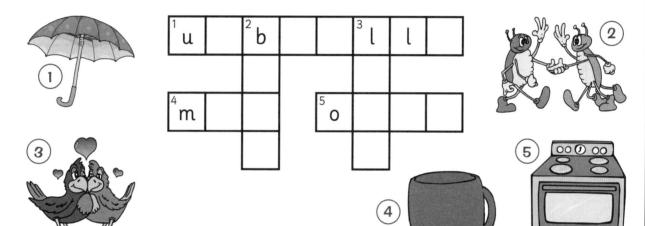

¹u		²b			³l	l	
⁴m				⁵o			

(2) **Circle** the words that are spelt **correctly**.

wunder / wonder   brother / bruther

Monday / Munday   jomp / jump

(3) Write **u** or **o** to **complete** these sentences.

My **m __ t h e r** and father don't live together.

I have **d __ n e** lots of exercise this **m __ n t h**.

The **s __ n** is shining high **__ p** in the sky.

"I can spell the **short u** sound."

Section Three — Spelling

The ur sound

The **ur** sound can be written...

er
s**er**ve

ir
d**ir**ty

ur
p**ur**se

...but after **w**, it is written **or**:

w**or**ld

① **Complete** the sentences using the **correct** words in the **box**.

My favourite colour is _____.

Mum goes to _____ most days.

I bought my dad a new _____.

We eat _____ at six o'clock.

shurt / shirt

dinner / dinnur

pirple / purple

werk / work

② Write **er**, **ir**, **ur** or **or** to **complete** these words.

p _ _ _ s o n b _ _ _ d t h _ _ d h _ _ t w _ _ m

③ **Tick** the words that are **spelt correctly** and **rewrite** the **wrong** ones.

berthday ☐ _____

wurds ☐ _____

term ☐ _____

Thirsday ☐ _____

"I can spell the **ur** sound."

The Hard c sound

The **hard c** sound can be written:

c
cube

ck
snack

k
king

(1) **Circle** the words that have a **hard c** sound.

knife   cliff   pencil   race   break

ocean   smoke   trick   claws

(2) **Complete** these words with **c**, **ck** or **k**.

b o o ___   j a ___ e t   ___ o m b

Write them in the spaces to **complete** the sentences below.

I finished reading the _____ .

You need to _____ your hair.

Paul wore his new _____ .

(3) **Write** the word with a **hard c** sound to match each picture.

_____   _____   _____

"I can spell the **hard c** sound."

The Soft c sound

The **soft c** sound is like an **s** sound. It can be written:

s

sing

c (before e, y and i)

slice   fancy   excited

① **Complete** each word with **s** or **c**.

__ o u p   p e n __ i l   r a __ e   i __ i n g

__ y c l e   __ a i l   b o u n __ y   f a __ e

② **Complete** each set of words using the **soft c** sound in the box.

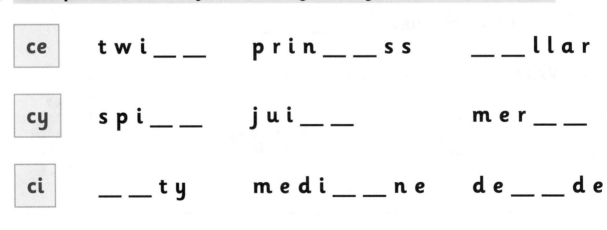

ce	t w i __ __	p r i n __ __ s s	__ __ l l a r
cy	s p i __ __	j u i __ __	m e r __ __
ci	__ __ t y	m e d i __ __ n e	d e __ __ d e

"I can spell the **soft c** sound."

The Soft g sound

The soft **g** sound is written:

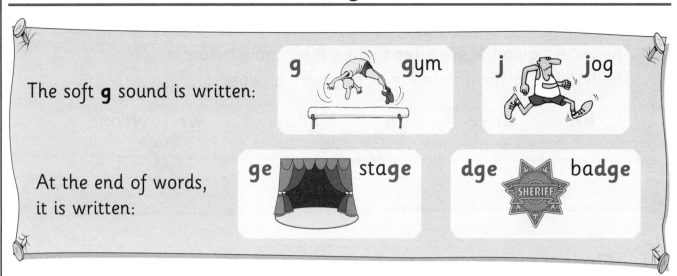

g **g**ym   **j** **j**og

At the end of words,
it is written:

ge sta**ge**   **dge** ba**dge**

① **Circle** the letters in each word that make the **soft g** sound.

juice   jump   giant   jelly

angel   magic   enjoy   germ

② **Complete** each word with **ge** or **dge**.

b r i ___   o r a n ___   p a ___   f r i ___

③ **Draw lines** to show which letter is **missing** in each word.

(?) e n t l e

(?) a c k e t

(?) e l l y

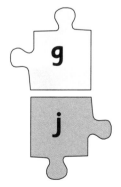

g

j

(?) o i n

(?) i r a f f e

(?) o k e

"I can spell the **soft g** sound."

Section Three — Spelling

Silent k, g and w

The letters **g** and **k** are **silent** when they come before **n**.
The letter **w** is silent before **r** at the start of words.

kn  **knee**

gn  **gn**aw

wr  **wr**ong

① **Circle** the words where the **k**, **g** or **w** is **silent**.

sink   game   wrap   key

great   kneel   wings

writer   gnats   know   waste

② **Complete** each word with **kn**, **gn** or **wr**.

__ i g h t   __ i t e   __ o m e   __ i f e

__ i s t   __ o t   __ a p p e r   __ i t

Silent k, g and w

③ Use the letters in the **circle** to **spell** a word with **silent g**, **k** or **w**.

 _ _ _ _ _

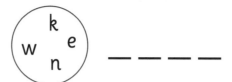 _ _ _ _

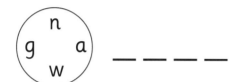 _ _ _ _

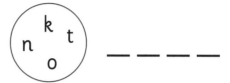 _ _ _ _

 _ _ _ _ _

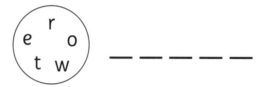 _ _ _ _ _

④ **Fill the gaps** with silent **k**, **g** or **w** then **find** the words in the wordsearch.

__ **n a t**   __ **r i t e**

__ **r o n g**   __ **n o m e**

__ **n e e l**   __ **n i f e**

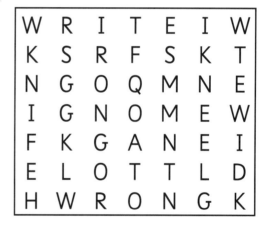

W	R	I	T	E	I	W
K	S	R	F	S	K	T
N	G	O	Q	M	N	E
I	G	N	O	M	E	W
F	K	G	A	N	E	I
E	L	O	T	T	L	D
H	W	R	O	N	G	K

⑤ **Circle** the **correct spelling** of each word and **write** it on the board.

(written) / ritten   nelt / knelt

known / nown

wrist / rist   reck / wreck

 written

"I can spell words with **silent g**, **k** and **w**."

Section Three — Spelling

Words ending in le, el, al and il

These words **end** in the **same sound**, but the spelling is **different**:

 **le** eagle

 **el** camel

 **al** sandal

 **il** pencil

① **Cross out** the words that are spelt **wrong**.

appil / apple travel / travle stencil / stencel

finel / final castal / castle

② **Draw lines** to the **correct spelling** of the word's ending, then **fill in** the missing letters in each word.

m i d d _ _   le   p e d _ _

l i t t _ _   el   t o w _ _

f o s s _ _   al   n o s t r _ _

a n i m _ _   il   t u n n _ _

③ Write **le**, **el**, **al** or **il** to **complete** these words.

m e d _ _   a n g _ _   p u p _ _   t u r t _ _

"I can spell words that end in **le**, **el**, **al** and **il**."

Words ending in tion and sion

When a word **ends** in the **shun** sound, it can be written:

 **tion** lotion

 sion vision

① **Finish** the words with **tion** or **sion** then **find** them in the wordsearch.

f i c _ _ _ _ _

t e n _ _ _ _ _

s e c _ _ _ _ _

m o _ _ _ _ _

I	T	E	G	S	O	N
O	E	C	I	E	F	O
C	N	H	E	C	N	I
E	S	P	M	T	M	C
F	I	C	T	I	O	N
M	O	T	I	O	N	R
O	N	N	F	N	T	P

② **Draw lines** from the **frogs** to the correct **word endings**.

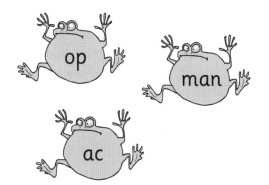

tion

sion

③ Write **tion** or **sion** to **complete** these words.

 p o _ _ _ _ _

 t e l e v i _ _ _ _ _

"I can spell words that end in **tion** and **sion**."

Section Three — Spelling

Adding ing and ed to words ending in e

A **suffix** is a letter or group of letters that can be added to the **end** of a word to make a new word.

jump ➕ ing
jump**ing**
suffix

 bak~~e~~ ➡ bak**ing**
bak~~e~~ ➡ bak**ed**

When you add **ing** or **ed** to a word that **ends in e**, **remove** the final **e** first.

① **Circle** the words that are spelt **correctly**.

moveing / moving   writing / writeing

liking / likeing   having / haveing   leaveing / leaving

② Add **ing** or **ed** to these words and **write** them out.

love ➕ ing ➡ _____

kick ➕ ed ➡ _____

joke ➕ ed ➡ _____

rush ➕ ing ➡ _____

> If a word ends in e, remember to remove the e first.

③ Use the **letters** in the **circle** to **write** a word ending in **ing** or **ed**.

   n i h i g d

   i d e h k

_ _ _ _ _ _   _ _ _ _ _

"I can add **ing** and **ed** to words ending in **e**."

Adding ing and ed to words ending in y

When you add **ing** or **ed** to a word ending in a **vowel and y**, there is **no** spelling change.

stay ➕ ing → stay**ing**
ed → stay**ed**

When you add **ing** to a word ending in a **consonant and y**, there is **no** spelling change.

tr<u>y</u> ➕ ing ⟹ try**ing**

When you add **ed** to a word ending in a **consonant and y**, change the **y** to an **i** first.

tr<u>y</u> ➕ ed ⟹ tr**ied**

① **Fill in the gaps** in these **ing** words to complete the sentences.

He is **f l _ _ n _** on a carpet.

He is **p l _ _ _ n _** with toys.

They are **b u _ _ n _** things.

② **Complete** the stages to add **ed** to these words.

dry ➕ ed ⟹ _____   cry ➕ ed ⟹ _____

pray ➕ ed ⟹ _____   spy ➕ ed ⟹ _____

enjoy ➕ ed ⟹ _____   fry ➕ ed ⟹ _____

"I can add **ing** and **ed** to words ending in **y**."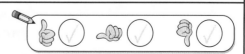

Section Three — Spelling

Double letters with ing and ed

To add **ing** or **ed** to a word ending with a **short vowel sound** and a **consonant**, you need to **double** the last letter.

jog ➡ jo**gg**ing

short vowel sound   consonant   last letter is doubled

Short vowel sounds are sounds like the 'a' in cat or the 'o' in pot.

(1) Put a **tick** next to the words where the last letter needs to be **doubled** to add **ing**.

swim ☐   greet ☐   shop ☐   boil ☐

run ☐   rain ☐   slip ☐   rub ☐

(2) **Add ed** to these words, doubling the last letter if needed.

m o p _____

s a i l _____

p o u r _____

s k i p _____

"I can **double letters** when adding **ing** and **ed**."

Adding er and est

You can add **er** and **est** to the end of some words. They are **suffixes**. They follow the **same rules** as ing and ed:

fast ✚ est ➡ fast**est**

cut~~e~~ ✚ est ➡ cut**est**

angry ✚ er ➡ angr**ier**

sad ✚ er ➡ sa**dd**er

1 **Circle** the word pairs where the suffix has been **added correctly**.

hairy ⟹ hairyer

loud ⟹ louder

wet ⟹ weter

tidy ⟹ tidier

shake ⟹ shaker

brave ⟹ braveer

2 Add **er** or **est** to these words and then complete the **crossword**.

1. thin + er _____

2. easy + est _____

3. bake + er _____

4. happy + er _____

5. safe + est _____

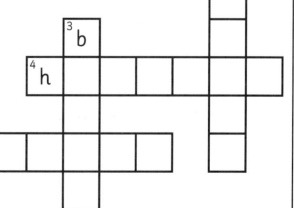

Crossword grid:
- 1 across: starts with **t**
- 2 down: starts with **e**
- 3 down: starts with **b**
- 4 across: starts with **h**
- 5 across: starts with **s**

` \ \ \ \ \ \ \ \ | | | / / / / / `
Look at p.32-34 for more help
` / / / / | | | | \ \ \ `

"I can add **er** and **est** to words."

Adding y

You can add **y** to some words to make **adjectives**.
Use the same rules as adding **ed**.

 dirt ➕ y
dirty

 noise ➕ y
noisy

 spot ➕ y
spo<u>tt</u>y

① **Draw lines** to show **how** to add a **y** to the end of these words.

shine   itch | just add y | dust   scare

    nut | remove the e, then add y | luck

ice | double the last letter, then add y | fun

② **Add** a **y** to the end of the words in the **box** to describe the pictures.

breeze   sun   storm

_____   _____   _____

③ **Add y** to these words.

taste   greed   run   salt

_____   _____   _____   _____

"I can add the letter **y** to the end of words."

Adding ly

You can add **ly** to some words to make **adverbs**.
If a word already ends in **y**, change the **y** to an **i**, then add **ly**.

tight **ly**
He holds on tight**ly**.

hungry **ly**
He eats hungr**i**l**y**.

① **Add ly** to the words in the boxes to **complete** the sentences.

nice   Molly plays _____ with Max.

brave   The knight fought _____ .

kind   Tom _____ helps with the baby.

② **Circle** the words that are spelt **correctly**.
Write out the **wrong** words so they are correct.

badly

closely   _____

heavyly

lazyly   _____

easyly   slowly   _____

"I can add **ly** to the end of words."

Section Three — Spelling

Adding s and es

To make most words into **plurals**, add **s**.

Plural means more than one.

pencil ➕ s

pencils

If a word ends in **ch**, **sh**, **s**, **ss**, **x** or **z**, add **es**.

fox ➕ es

fox**es**

① **Write s or es to complete each word.**

s w o r d ___

b o x ___

b o o k ___

c h u r c h ___

r o c k e t ___

② **Cross out each underlined word that is spelt wrong.**

Our <u>rabbits</u> / <u>rabbites</u> love watching TV .

The frog is in the <u>bushs</u> / <u>bushes</u> .

There are two <u>buses</u> / <u>buss</u> waiting .

My uncle has three <u>sones</u> / <u>sons</u> .

"I can spell plurals by adding **s** or **es**."

Adding s and es to words ending in y

If a word ends in a **vowel then y**, add **s**.

boy ✚ s
boys

If a word ends in a **consonant then y**, change the **y** to an **i**, then add **es**.

cherry ✚ es
cherr**i**es

(1) **Write** the correct spelling to **complete** each sentence.

(daies) (days) ⟹ One week has seven _____.

(Monkeys) (Monkies) ⟹ _____ eat bananas.

(babys) (babies) ⟹ Mum is having two _____.

(trays) (traies) ⟹ I made three _____ of cakes.

(2) **Write** the **correct plural** for each picture.

toy
_____

lady
_____

(3) **Write** the **correct ending** to make each word into a **plural**.

daisy ⟹ dais __ __ __   donkey ⟹ donk __ __ __

spy ⟹ sp __ __ __   fairy ⟹ fair __ __ __

cowboy ⟹ cowb __ __ __   Sunday ⟹ Sund __ __ __

"I can add **s** and **es** to words **ending in y**."

Adding ment, ful, less and ness

You can add **ment**, **ful**, **less** and **ness** to some words.
For most words, the spelling stays the same.

dark ➕ ness ➡️ dark**ness**

① **Draw lines** from the word beginnings to the **correct suffix**.
Then **write** the suffixes on the lines.

f i t _____

 ment

ful

 less

ness

p a y _____

s p o o n _____

c l u e _____

② Add **ful**, **less** or **ness** to these words,
then **find** them in the **wordsearch**.

play_____   kind_____

ill_____   spot_____

end_____   wonder_____

S	P	O	T	L	E	S	S	L
W	I	N	D	N	F	U	R	P
K	I	N	D	N	E	S	S	L
L	D	N	L	A	E	T	D	A
I	L	L	N	E	S	S	L	Y
L	S	F	U	L	E	W	S	F
S	E	N	D	L	E	S	S	U
W	O	N	D	E	R	F	U	L

"I can add **ment**, **ful**, **less** and **ness** to words."

Compound Words

A word made up of two other words is called a **compound word**.

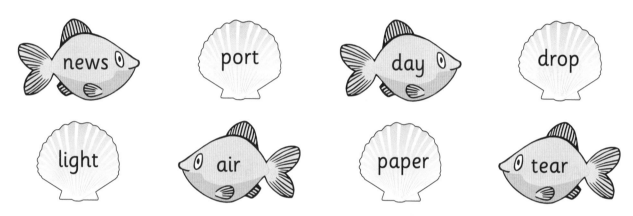

first word   second word   compound word

(1) **Join** each **fish** to a **shell** to make **four compound words**.

news   port   day   drop

light   air   paper   tear

(2) Use the words in the **box** to make **compound words** to complete the **sentences**.

door   works   fire   note
farm   yard
pan   book   mat   dust

The animals live in the _____ .

The _____ lit up the sky.

Hannah writes in her _____ .

I tripped over the _____ .

Pass me the _____ and brush.

"I can spell **compound words**."

Section Three — Spelling

Homophones

Homophones are words that **sound the same** but have **different meanings** and **spellings**.

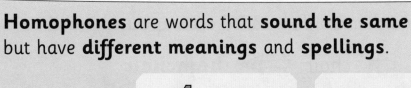

1 one   won

① **Swap** each **underlined word** for its **homophone** from the box.

I <u>sore</u> my friends.   ⇨   I _____ my friends.

The sky is <u>blew</u>.   ⇨   The sky is _____ .

Ali is his <u>sun</u>.   ⇨   Ali is his _____ .

I have <u>too</u> cats.   ⇨   I have _____ cats.

Dad <u>eight</u> it all.   ⇨   Dad _____ it all.

blue

two

saw

ate

son

② **Write** the **homophone** that matches each picture.

wail ⇨ _ _ _ _ _

bare ⇨ _ _ _ _ _

tale ⇨ _ _ _ _

"I can spell **homophones** of simple words."

Mixed Spelling Practice

(1) **Write** the words with the **same vowel sounds** in the boxes.

swap   stay   might   spy   cheese   brain

monkey   dog   team   race   squash   price

ai sound

long e sound

long i sound

short o sound

(2) **Write** the **correct spelling** for each word, then **complete** the crossword.

Down

1. shiney ⟹ _____

2. bigest ⟹ _____

3. dreem ⟹ _____

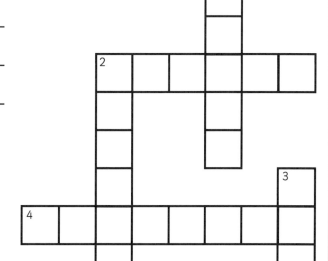

Across

2. bakeing ⟹ _____

4. prettyer ⟹ _____

5. muther ⟹ _____

Mixed Spelling Practice

3 In each sentence **circle** the word that is **spelt incorrectly**. Then **write** the word out **correctly underneath**.

I saw a monky.

_____

He nocked on the door.

_____

I love ice creem!

_____

It's a wawm day.

_____

Put it on the tabel.

_____

This is hard werk.

_____

4 **Complete** the word by adding the **suffix** in the **box**.

ing

walk ⇨ _____

hope ⇨ _____

est

young ⇨ _____

fat ⇨ _____

ness

ill ⇨ _____

sad ⇨ _____

ly

loud ⇨ _____

happy ⇨ _____

Answers

Section One — Grammar

Page 2 — Nouns

1. book, table, Jacob, hamster, pencil

2. some **socks**, a **ladybird**, a **puppy**, some **fish**, a **tractor**, a **snail**

Page 3 — Noun Phrases

1. fast — car, back — garden, older — sister, cold — weather

2. Any suitable answers. Examples: the tasty spaghetti, the brave lion, the crying baby

Page 4 — Verbs

1. talk, runs, opens, see, build

2. 1: float, 2: throw, 3: look, 4: skip

3. He **goes** to the shops.
   She **has** one sister.
   They **are** six years old.

Page 5 — ing Verbs

1. My brother is watching television.
   The girls are playing outside.
   I am eating an apple.

2. crying, asking, calling, ending, falling

3. buzzing, learning, singing

Page 6 — Adjectives

1. sleepy, happy, red, scary, large, hairy, tasty

2. the **tall spotty** giraffe
   a **hot soapy** bath
   the **white fluffy** sheep

Page 7 — Adverbs

1. quietly, happily, neatly, sadly, quickly
   He creeps **quietly** out of the door.
   He looks **sadly** at his homework.
   She plays **happily** with her toy.
   He runs **quickly** to the park.
   She **neatly** paints a picture.

Page 8 — Types of Sentences

1. My name is Ahmed. — statement
   What a cute cat that is! — exclamation
   Play nicely, Thomas. — command
   Finish your work. — command
   How funny he is! — exclamation
   This is my school. — statement
   How are you today? — question

2. Wait over there. — C
   How silly they are! — E
   Come and look. — C
   Go to your room. — C
   What a great race that was! — E
   Stop doing that. — C
   What a nice boy Sam is! — E
   How exciting this is! — E

Page 9 — Staying in the Same Tense

1. ~~visit~~ / visited
   cook / ~~cooked~~
   ~~arrive~~ / arrived

2. fixed, cook, asked

Page 10 — Using and, but and or

1. Emma is sad **but** I am happy.
   I love fish **and** I like chips.
   We can go to the park **or** we can stay at home.
   Lunch is ready **but** I'm not hungry.

2. My dad is called Jim — and my mum is called Sue.
   Lions are very fast — but snails are very slow.
   You can have a banana — or you can have an apple.

3. Any suitable answers. Examples:
   I might read a book or **I might play football**.
   Harini plays outside and **she takes her doll with her**.
   Sarah likes snakes but **she hates spiders**.

Page 11 — Using when, if, that and because

1. I fell asleep **because** I was tired.
   This is the book **that** Max was reading.
   Gerald is happy **when** his team wins.
   You can leave **if** you have finished.

2. because, when, that

Section Two — Punctuation

Page 12 — Capital Letters and Full Stops

1. **w**e saw **j**acob and **b**ella at the weekend.
   pete likes cycling and **h**annah likes football.
   on **w**ednesday, **e**mma and **i** will go to the cinema.

2. **Summer** is the warmest season**.**
   Maths is my favourite subject**.**
   Apples are tasty and healthy**.**

3. Harry plays the piano.

Page 13 — Question Marks and Exclamation Marks

1. Which house is yours — ?
   Did you let me win — ?
   What a nice car that is — !
   How are you feeling — ?
   Sit down over there — !
   Where is the exit — ?
   I can't see a thing — !

2. May I have a drink**?**
   I'm so excited**!**
   Can I ride my bike**?**
   The house is haunted**!**

Pages 14 and 15 — Commas in Lists

1. My best friends are called Krysta**,** Stefan and Hamid.
   We could eat pizza**,** pasta**,** sausages or chicken nuggets.
   The monster was short**,** fat**,** smelly and ugly.
   Shall we go swimming**,** bowling or ice skating?

2. I would like to be a doctor**,** a nurse or a chef.
   I need a pencil**,** a ruler and some paper.
   I invited Enid**,** Craig**,** Abdul and Beth.

3. I bought apples**,** pears**,** bananas **and** grapes.
   Imran likes to swim**,** read**,** paint **and** watch TV.
   Marie has lived in France**,** Spain**,** Italy **and** England.
   He can sing**,** dance**,** act **and** play the guitar.

4. Would you like juice**,** water or milk?
   My socks are blue**,** white and grey.
   Her hair is short**,** brown and curly.

5. Jayden needs to buy **carrots, bread, eggs and tea**.

Page 16 — Apostrophes for Missing Letters

1. It **hasn't** / has'nt rained yet.
   Ill' / **I'll** help you.
   I think **she's** / shes' brave.
   We've / Wev'e got lots to do.

2. you + are — you're
   they + will — they'll
   we + have — we've

3. we are — we're
   I have — I've
   did not — didn't
   do not — don't

Page 17 — Apostrophes for Possession

1. Max's, Gwen's, Toni's, clown's, dog's, mouse's

2. Alan's, Raj's, Sam's

Section Three — Spelling

Page 18 — The ai sound

1. explain, safe, clay

2. p**ai**nt, g**a**me, ch**ai**n, w**ay**

Answers

Page 19 — The Long e sound

1. agreed, money, heat, city, chimney, tree, penny, teach

2. chief, monkey, honey, reached, jelly

Page 20 — The Long i sound

1. my, pride, fright, dried, sigh, July

2. Jack cried all the time.
   The mice came to spy on me.
   I always try to get it right.

3. knight, fly, lie, reply, wide

Page 21 — The Short o sound

1. Any suitable answers. Examples:
   jog — fog — log
   mop — pop — hop

2. sock, squad, foxes, want, rock, wasp

3. It's a frog with a fishing rod.
   The swan opened its wings.

Page 22 — The aw sound

1. war, paw, talk, call, draw, warn, stall

2. prawn / prarn
   small / smarll   tawll / tall
   claws / clars
   strar / straw

Page 23 — The Short u sound

1. 1: umbrella, 2: bugs, 3: love, 4: mug, 5: oven

2. wonder, Monday, brother, jump

3. My mother and father don't live together.
   I have done lots of exercise this month.
   The sun is shining high up in the sky.

Page 24 — The ur sound

1. My favourite colour is purple.
   Mum goes to work most days.
   I bought my dad a new shirt.
   We eat dinner at six o' clock.

2. person, bird, third, hurt, worm

3. You should have ticked term.
   Corrections: birthday, words, Thursday

Page 25 — The Hard c sound

1. cliff, smoke, trick, claws, break

2. book, jacket, comb
   I finished reading the book.
   You need to comb your hair.
   Paul wore his new jacket.

3. shark, ticket, camel

Page 26 — The Soft c sound

1. soup, pencil, race, icing, cycle, sail, bouncy, face

2. twice, princess, cellar
   spicy, juicy, mercy
   city, medicine, decide

Page 27 — The Soft g sound

1. juice, angel, jump, magic, giant, enjoy, jelly, germ

2. bridge, orange, page, fridge

3. gentle, jacket, jelly, join, giraffe, joke

Pages 28 and 29 — Silent k, g and w

1. wrap, kneel, writer, gnats, know

2. knight, write, gnome, knife, wrist, knot, wrapper, knit

3. wreck, gnaw, knock, knew, knot, wrote

4. gnat, wrong, kneel, write, gnome, knife

5. knelt, known, wrist, wreck

Page 30 — Words ending in le, el, al and il

1. appil, finel, travle, castal, stencel

2. middle, little, fossil, animal, pedal, towel, nostril, tunnel

3. medal, angel, pupil, turtle

Page 31 — Words ending in tion and sion

1. fiction, tension, section, motion

2. op—tion, man—sion, ac—tion, ver—sion, divi—sion, por—tion

3. potion, television

Page 32 — Adding ing and ed to words ending in e

1. liking, moving, having, writing, leaving

2. loving, kicked, joked, rushing

3. hiding, hiked

Page 33 — Adding ing and ed to words ending in y

1. flying, playing, buying

2. dried, prayed, enjoyed, cried, spied, fried

Page 34 — Double letters with ing and ed

1. swim, run, shop, slip, rub

2. mopped, poured, sailed, skipped

Page 35 — Adding er and est

1. loud — louder, tidy — tidier, shake — shaker

2. 1: thinner, 2: easiest, 3: baker, 4: happier, 5: safest

Page 36 — Adding y

1. just add y   itch, dust, luck
   remove...   shine, ice, scare
   double...   nut, fun

2. stormy, sunny, breezy

3. tasty, greedy, runny, salty

Page 37 — Adding ly

1. nicely, bravely, kindly

2. Circled: badly, closely, slowly
   Corrections: heavily, lazily, easily

Page 38 — Adding s and es

1. swords, boxes, books, churches, rockets

2. rabbits / rabbites
   bushs / bushes
   buses / buss
   sones / sons

Page 39 — Adding s and es to words ending in y

1. days, Monkeys, babies, trays

2. toys, ladies

3. daisies, spies, cowboys, donkeys, fairies, Sundays

Page 40 — Adding ment, ful, less and ness

1. fitness, spoonful, payment, clueless

2. playful, illness, endless, kindness, spotless, wonderful

Page 41 — Compound Words

1. news—paper, air—port, day—light, tear—drop

2. The animals live in the farmyard.
   The fireworks lit up the sky.
   Hannah writes in her notebook.
   I tripped over the doormat.
   Pass me the dustpan and brush.

Page 42 — Homophones

1. saw, blue, son, two, ate

2. whale, bear, tail

Pages 43 and 44 — Mixed Spelling Practice

1. ai sound: stay, brain, race
   long e sound: cheese, monkey, team
   long i sound: might, spy, price
   short o sound: swap, dog, squash

2. 1: shiny, 2: biggest, 3: dream 2: baking, 4: prettier, 5: mother

3. monkey, knocked, cream, warm, table, work

4. walking, hoping, youngest, fattest, illness, sadness, loudly, happily